아홉 살
스파이더맨

아홉 살 스파이더맨

2024년 10월 10일 초판 1쇄
글 : 한세경
그림 : 김동영
펴낸이 : 한세경 / 디자인 : 한세경
펴낸곳 : 스토리-i / 출판등록 : 2020.3.30. 제020-000003호
주소 : 부산광역시 연제구 연안로7-2, 3층
전화 : 010-9616-5400 / 팩스 : 0504-388-1899
이메일 : story-i@naver.com
블로그 : https://blog.naver.com/story-i
출력, 인쇄, 제본 : 성광인쇄

ISBN 979-11-982216-1-2
ⓒ 한세경, 스토리-i, 2024

차 례

1. 봉사당번

스파이더맨은 시꺼먼 연기가 치솟는 건물을 향해 달려가고 있었어요.

건물 밖에서는 사람들이 발을 동동 굴렀어요. 꼬마 아이가 건물 안에 있다고 했어요. 창밖으로 시뻘건 불꽃이 새어나왔어요. 널름대는 불꽃은 마치 괴물의 혓바닥 같았지요.

나는 침을 꿀꺽 삼키며 TV 모니터에 눈을 고정시켰어요.

"엄마 말 안 들려? 어서 끄라니까!"

슬리퍼 소리가 들리는가 싶더니 곧이어 모니터가 먹통이 되었어요.

"조금만 기다리지. 스파이더맨 슈트에서 거미줄이 나올 차롄데…….."

"네 번이나 봤으면서 또 보고 있니? 지겹지도 않아?"

"지겹기는요. 볼 때마다 새로운 데요."

"아예 네가 스파이더맨이 되지 그러니? 어서 밥 먹어! 또 지각할라."

지각이라는 말에 얼른 벽시계를 확인했어요.

"어, 벌써 8시야?"

나는 후다닥 방으로 들어가 가방을 들고 나왔어요.

"밥 먹고 가라니까!"

"봉사당번이라 빨리 가야해요!"

2학년이 되고부터 봉사당번이 생겼어요.

봉사당번은 아침독서시간에 아이들을 조용히 시키고, 학습준비물센터에 가서 준비물을 챙겨와야 해요.

조금 늦어서인지 학교 가는 길은 한적했어요. 나는 스파이더맨 흉내를 내며 달렸어요. 팔을 앞뒤로 부지런히 휘저었더니 다리도 덩달아 빨라졌어요.

"스파이더맨 슈트만 있으면 녀석들을 혼내줄 수 있는데."

머릿속에 서너 명의 얼굴이 스쳐지나갔어요.

목에 걸린 가시처럼 불편하고 성가신 아이들이에요.

"봉사당번이 이제 오면 어떡해?"

숨을 헐떡이며 교실 문을 열자마자 말 화살이 날아왔어요.

범석이었어요.

"말썽은 잘 피우면서 봉사활동은 하기 싫은 모양이구나!"

"아직 안 늦었거든! 헉헉."

운동장 시계탑을 지날 때, 시계바늘은 8시 25분을 가리켰어요.
봉사활동은 8시 30분부터 시작이고요.

"빨리 준비물 챙겨와!"

범석이가 명령조로 말했어요. 나는 범석이를 한번 쏘아보고는
자리로 들어갔어요.

3층 학습준비물센터에는 학부모 도우미 선생님들이 반별 준
비물을 챙기느라 바빴어요. 준비물이 담긴 바구니가 각 반 선반
위에 놓여 있었어요.

"2학년 3반 준비물 가지고 갈게요."

도우미 선생님이 고개를 끄덕였어요.

바구니에는 모둠별 물감과 붓, 파레트가 담겨 있었어요. 미술
시간에 그림 그리기를 할 모양이에요. 2층으로 내려서자 떠드는
소리가 복도에 왁자했어요.

우리 교실에 가까워질수록 시끄러운 소리는 점점 더 커졌어요. 범석이 고함소리는 귀가 따가울 정도였어요.

교실 뒷문 앞을 지나갈 때였어요.

"어, 어!"

마치 기다리기라도 한 듯이 갑자기 뒷문이 벌컥 열렸어요. 용수철처럼 튕겨 나온 아이가 들고 있던 준비물 바구니에 세차게 부딪혔어요. 그 바람에 바구니가 떨어졌고 파레트, 붓, 물감들이 바닥에 나뒹굴었어요.

"미, 미안!"

경수가 머리를 긁적이며 몸을 일으켰어요.

"잘한다, 준비물 바구니까지 떨어뜨리고. 저 봐, 파레트 깨졌잖아. 난다 넌, 똥손인 게 확실해. 똥손!"

경수 뒤에 서 있던 범석이가 비아냥거렸어요.

"파레트 깨진 거 어떡할 거야?"

"지난번 학급 연필깎이도 난다가 부러뜨렸잖아!"

"학급문고도 찢었어. 자기가 먼저 읽겠다고 잡아당기다가."

범석이 일당들이 저마다 한마디씩 던졌어요. 신이 나서 죽겠다는 표정들을 하고요. 스파이더맨에 나오는 비겁한 악당들이 떠올랐어요.

나는 속이 부글부글 끓어올랐지만 못 들은 척 했어요. 떨어져 나간 파레트 조각도 바구니에 주워 담았어요.

'선생님한테 야단 듣게 생겼네. 어휴……'

절로 한숨이 나왔어요.

그때, 경수가 다른 반 복도로 굴러간 붓을 가져다주었어요.

"범석이가 그랬어. 할 말 있다고 불러놓곤 갑자기 떠밀었어."

경수는 나한테만 들리도록 목소리를 낮췄어요. 그럼 그렇지 싶었어요.

준비물 바구니를 교실 앞에 내려놓을 때까지 범석이는 교실 안을 설치고 다녔어요.

"교무실에서 선생님들이 회의를 하고 있습니다. 조용히 자리에 앉아주십시오."

범석이와 그 일당들은 아예 내 말을 들은 척도 하지 않았어요. 자기들끼리 낄낄거리다가 괜히 다른 아이들에게 시비를 걸어 큰 소리가 나게 만들었어요.

"최범석, 조용히 해주세요. 책 읽는 친구들에게 방해됩니다."

"너나 조용히 해라, 뚱땡이야!"

"우히히히!"

나는 범석이 책상 앞으로 걸어갔어요.

"그렇게 노려보면 어쩔 건데? 이 말썽대장아!"

"조용히 하지 않으려면 교실에서 나가주십시오!"

"뭐? 교실에서 나가라고? 네가 뭔데 나가라 마라야!"

범석이가 자리에서 발딱 일어섰어요.

그 바람에 의자가 뒤로 밀리면서 시끄러운 소리를 냈어요.

"난 오늘 봉사당번이야. 떠드는 아이를 조용히 시켜야 해."

"난 내가 하고 싶은 대로 할 거거든."

나는 톡 튀어나온 범석이 입을 쥐어박고 싶었어요.

"저리 비켜! 난다, 난다, 짱난다야!"

범석이가 내 어깨를 밀쳤어요.

"그렇게 부르지 말랬지."

나는 범석이 멱살을 거머쥐었어요.

'짱난다.'는 '짜증난다.'는 말과 내 이름 '신난다'를 붙인 거예요. 범석이 일당이 나를 놀릴 때 부르는 말이에요.

"이거 안 놔!"

범석이가 두 주먹으로 내 가슴을 쳤어요. '퍽' 소리와 함께 내 몸이 뒤로 휘청거렸어요.

"잘하는 짓이다."

때마침, 선생님이 교실로 들어오고 있었어요.

"오늘 봉사당번은 뭘 하고 있는 거야? 조용히 시키랬더니 네가 더 떠들고 있었구나! 거기다 싸움질까지 하고!"

선생님은 못마땅한 눈초리로 나를 쳐다봤어요.

"너희들은 눈치도 없니? 교무실이 바로 코앞인데 그렇게 떠들고 싶냐고!"

선생님이 한참 열을 올리고 있는데, 노크 소리가 났어요. 선생님은 말을 멈추고 문을 열었어요. 복도에는 도우미선생님이 준비물바구니를 들고 서 있었어요.

"신난다! 학습준비물 바구니를 바꿔 왔구나. 우리 반은 3학년 2반이 아니라 2학년 3반이잖니!"

"3학년 2반이 되고 싶은가 봐요!"

"공부도 못하는데 어떻게 3학년이 되냐?"

"아까 난다가 준비물 바구니 떨어뜨려서 파레트가 깨졌어요."

선생님은 '쟤를 어쩌면 좋아!' 하는 표정으로 고개를 절레절레 흔들었어요.

나는 고개를 푹 숙였어요. 얼굴이 화끈 달아올랐어요.

스파이더맨 슈트가 있다면 범석이 일당들을 거미줄로 꽁꽁 묶어두고 싶었어요.

2. 아홉 번째 생일

오늘은 엄마가 중국 출장을 가는 날이에요.

큰 회사에 근무하는 엄마는 1년에 몇 차례씩 해외출장을 가요.

"생일 축하해! 출장 준비하느라 미역국은 못 끓였어. 외삼촌이랑 맛있는 거 사 먹어."

나는 대답 대신 신발장에 올려둔 화분잎사귀를 손톱으로 꾹꾹 눌렀어요. 잎사귀에 난 손톱자국이 흉터처럼 보였어요.

"가만 잘 있는 화분을 왜 건드리고 그래!"

엄마는 바퀴달린 여행가방을 현관으로 끌어내며 말했어요.

엄마가 뒤돌아서서 손을 흔들었어요.

닫히는 현관문 사이로 엄마 얼굴이 보였어요.

엄마 얼굴에는 '미안해', '제발 말썽피우지 마.', '잘 하겠지.' 하는 문장들이 모니터 화면처럼 차례로 떠올랐어요.

"걱정 마세요. 잘 지낼 거예요."

나는 황급히 손을 흔들어 주었어요.

엄마가 안심한 듯 미소를 짓자 딸칵 현관문이 닫혔어요.

저녁 무렵, 외삼촌은 두 손 가득 짐을 들고 나타났어요.

"너네 엄마는 무슨 출장을 이렇게 자주 가냐? 매번 불러대니 나도 참 난감해. 이 삼촌도 사생활이라는 게 있는데 말이야."

외삼촌은 거실 탁자 위에 짐을 올려놓았어요. 주절주절 불평을 늘어놓으면서요.

"취업준비! 삼촌이 그냥 노는 게 아니야. 취업을 위해 애쓰고 있다니까!"

언젠가 외삼촌에게 백수냐고 물었을 때, 외삼촌이 한 말이었어요.

"너네 엄마는 치사해. 용돈 좀 준다고 자신이 할 일을 나한테 다 떠넘기고 말이야. 혼자 사는 삼촌을 너무 부려먹는다고 생각하지 않냐?"

"외삼촌도 결혼하면 되잖아?"

"야, 야, 직장도 없는 나한테 누가……. 그건 그렇고 이번 출장은 보름이나 된다며? 너, 괜찮겠어?"

"내가 어린앤가 뭐."

엄마와 외삼촌은 판박이에요. 얼굴이 닮았나보다 생각하겠지만 그게 아니에요. 왕 수다쟁이에 왕 잔소리꾼이거든요. 같이 있으면 머리가 왕왕 울려요.

"우리는 말로 수다를 떨지만 넌 몸으로 수다를 떨잖아. 사고란 사고는 혼자 다 치고 다니면서."

"넌 그런 말 할 자격이 없거든!!!"

엄마랑 외삼촌 앞에서 수다쟁이, 잔소리꾼이라고 놀렸다가 된통 당한 걸 생각하면 아직도 치가 떨려요.

"어이, 신난다! 이리 와."

고깔모자를 쓴 외삼촌이 식탁 위에 놓인 케익을 가리켰어요. 케익에는 아홉 개의 촛불이 일렁였어요. 외삼촌의 생일축하 노래가 끝나고 나는 촛불을 껐어요.

"우리 조카, 신난다의 아홉 번째 생일을 진심으로 축하합니다! 빰빠라빰!"

외삼촌이 생일축하 호루라기를 입에 물었어요. 말려있던 종이가 '삐' 소리를 내며 쫙 펴졌다 다시 또르르 말렸어요.

"삼촌이 너를 위해 멋진 선물을 주문해 놨어. 이번 주 안으로 도착할 거야. 기다려줄 수 있지?"

"오늘은 선물 없어?"

"선물은 많을수록 좋지만 뭐, 너도 알잖아. 삼촌 주머니 사정."

외삼촌이 겸연쩍게 웃었어요.

"저 짐들은 다 뭐야?"

나는 거실 한쪽에 놓인 외삼촌 짐을 쳐다보았어요. 어깨끈이 달린 검정색 가방과 종이가방 여러 개가 보였어요.

"으응, 삼촌 양복이랑 노트북, 이력서, 자기소개서, 참고할 책 뭐 그런 거야. 면접 보러 갈지도 몰라서."

"면접? 삼촌은 어떤 일을 하고 싶은데?"

"큰 회사에 가서 컴퓨터로 일하고 싶어. 폼나게 양복 차려입고 말이야."

외삼촌은 헤벌쭉 웃으며 어깨를 으쓱거렸어요.

생각만 해도 좋은 모양이었어요.

"엄마는 삼촌이 적성에 맞는 일을 하면 좋겠다고 했어."

"적성? 그런 거 필요 없어. 통유리 된 멋진 사무실에 안락한 휴게실이 있는 회사면 돼!"

"요즘 젊은 사람들은 쉬운 일만 찾는다고 뉴스에서 그러던데."

"대학 나와서 허드렛일은 하기 싫으니까……."

어떤 일이 허드렛일인지 물어보려다가 말았어요. 암튼 외삼촌은 큰 회사에 취직해서 멋지게 살고 싶댔어요.

"내 정신 좀 봐라, 인증사진을 못 찍었네!"

외삼촌은 초에 다시 불을 붙여 케익에 꽂았어요.

"어서 이리와. 엄마한테 사진 보내줘야 돼."

나는 외삼촌에게 끌려와 억지웃음을 지었어요.

"엄지척도 해야지. 그래야 엄마가 좋아할 거 아니냐!"

나는 엄지를 내밀었어요. 일초라도 빨리 사진 찍기를 끝내려면 시키는 대로 할 수밖에요.

"아, 미쳐! 고깔모자를 왜 내가 쓰고 있는 거야."

화면을 돌려보던 외삼촌이 자기 머리를 콩 쥐어박았어요.

"삼촌, 제발 그만 좀 해!"

짜증이 솟구쳤지만 외삼촌은 고깔모자를 내밀었어요

"인증사진 없으면 용돈 못 받는단 말이야. 실컷 고생하고, 케익 사고 선물 주문하느라 지출도 심했는데 용돈까지 못 받으면 되겠냐? 네가 백수 삼촌, 아니 취준생 삼촌 좀 봐 주라."

"삼촌은 정말 못 말려!"

나는 하는 수없이 고깔모자를 썼어요.

사진을 찍고나서 외삼촌은 마트에서 사온 미역국을 끓였어요. 국에 밥을 말아 대충 저녁식사를 끝내고 TV 앞에 앉았어요. 리모컨으로 이리저리 채널을 돌리는데 외삼촌이 말했어요.

"거기, 거기 놔둬봐. 새로 시작한 프론데 볼만하더라."

설거지를 끝낸 외삼촌이 내 옆에 와 앉았어요. 한 손에 캔 맥주를 들고 있었어요.

"스파이더맨 보려고 했는데…….."

"오늘은 스파이더맨도 휴식이야!"

마치 외삼촌이 스파이더맨이라도 되는 듯이 나섰어요.

"햐, 저게 바로 캠핑하는 재미지. 좋겠다!"

외삼촌은 맥주를 홀짝홀짝 마시며 연신 감탄했어요.

무슨 내용인가하고 TV를 봤어요.

아이를 데리고 캠핑 온 아빠가 밥을 짓고 있었어요. 아이는 숲 속을 놀이터 삼아 뛰어다녔고요.

"그렇지! 삼겹살은 캠핑장에서 먹어야 제 맛이지. 뭘 좀 아는 아빠네!"

"쟨 좋겠다."

외삼촌이 나를 곁눈질로 봤어요.

"아, 난다야 미안. 네가 보고 싶은 거 봐. 흠, 흠!"

외삼촌이 괜히 헛기침을 했어요.

"괜찮아, 삼촌."

"담에 삼촌이 캠핑장 데리고 갈게. 가서 삼겹살도 굽고, 소시지
도 굽고, 라면도 끓이고……."

"삼촌, 아빠는 어떤 사람이었어?"

나는 호들갑을 뜨는 외삼촌에게 불쑥 물었어요.

"네 아빠? 음, 아빠는 마음이 따뜻한 사람이었지."

외삼촌은 들고 있던 캔 맥주를 내려놓았어요.

유치원에 입학한 뒤, 나는 아빠라는 존재를 처음 알았어요. 그
전까지는 외삼촌이 아빠라고 생각했어요. 친구들은 아빠 자랑
을 했어요. 아빠 손을 잡고 유치원에 왔어요. 아빠 어깨에 목말
을 탄 친구들을 볼 때마다 부러웠어요.

"엄마, 아빠는 어디 있어요?"

유치원에서 돌아와 엄마를 붙잡고 물었어요. 엄마는 내 눈을
지그시 바라봤어요.

"음, 아빠는 난다가 태어나기 전에…, 멀리 떠나셨어. 많이 아
프셨거든."

"멀리? 어디?"

"저기 저 하늘나라로."

엄마는 조금 슬픈 얼굴로 내 뺨을 어루만져 주었어요.

나는 아주 아주 소중한 장난감을 잃어버린 것처럼 마음이 허전했어요.

"삼촌, 아빠는 어떻게 생겼어?"

외삼촌은 한숨을 내쉬더니 다시 캔 맥주를 들었어요. 꿀떡꿀떡 맥주 넘어가는 소리가 요란했어요.

"난다 넌, 아빠를 엄청 닮았어."

외삼촌이 입가에 묻은 맥주 거품을 훔치며 말했어요.

"내가 아빠를 닮았어? 어디가 닮았는데?"

"눈, 코, 입. 전부 다."

나는 두 손으로 아빠를 닮았다는 얼굴을 더듬어 봤어요.

"네 아빠도 스파이더맨 광팬이었지."

"정말?"

"피는 못 속인다는 말이 딱 맞아! 스파이더맨 시리즈는 안 본 게 없을 걸. 스파이더맨처럼 다른 사람 도와주는 것도 좋아했고."

아빠 얘기를 들려주던 엄마처럼 외삼촌도 조금 슬퍼 보였어요.

나는 아빠 얼굴을 떠올려보았지만 거울 속에 비친 내 얼굴만 자꾸 떠올랐어요.

3. 도착한 택배상자

드디어 외삼촌이 주문한 택배가 도착했어요.

택배상자에는 영어가 적힌 스티커가 붙어 있었어요.

외삼촌이 선물상자를 들어 올렸어요.

"이제야 선물을 전달하는 구나. 어서 열어봐!"

외삼촌은 선물 받는 나보다 더 설레 보였어요. 연신 혀로 입술을 축이면서 손으로 상자를 쓸었다가 두드렸다 부산을 떨었어요.

"빨리 좀 열어보라니까!"

상자 뚜껑을 열고 있는 걸 보면서도 재촉을 해댔어요.

"멋있지? 멋있지? 멋있잖아!"

"삼촌 가만 좀 있어봐!"

상자 안에는 반듯하게 개켜진 옷이 들어 있었어요. 나는 옷을 꺼내 바닥에 펼쳤어요.

"너를 위해 특별히 준비한 선물이야. 어때, 마음에 들지?"

"이게 뭐야? 내복이야?"

나는 빨강색과 파란색이 섞인 옷을 가리켰어요.

"무슨 소리야! 보고도 모르겠어? 스파이더맨 슈트잖아!"

외삼촌은 두 팔을 뻗어 벽 타는 시늉을 하다가 바닥을 엉금엉금 기어 다녔어요.

나는 어이가 없어 피식 웃음이 나왔어요.

"삼촌, 이렇게 촌스러운 슈트가 어딨어? 스파이더맨 내복 같잖아."

"내복이라니! 해외 직구로 어렵게 구한 옷이구만!"

"스파이더맨 장갑도 없고 근사한 부츠도 없어. 스파이더맨 슈트는 위아래가 하나로 연결되어 있는데 이건 아니잖아. 시시해!"

"일체형 슈트 말하는구나. 일체형은 위아래가 붙어서 엄청 덥대. 땀띠에, 무좀에 장난 아니라더라. 삼촌이 다 알아보고 주문한 거라고."

"그래도 일체형이 멋있단 말이야."

30

나는 선물상자에 옷을 아무렇게나 집어넣었어요.

"이 거미 좀 봐! 멋지지 않니!"

외삼촌은 티셔츠를 꺼내 들더니 가슴팍에 그려진 거미를 손가락으로 꾹꾹 찔러댔어요.

나는 아무 대꾸도 하지 않았어요. 눈앞에 보이는 옷은 영화에서 본 슈트랑 달라도 너무 달랐거든요.

외삼촌은 옷을 입어보라며 자꾸 내 등을 떠밀었어요.

"어렵게 구해줬더니. 자꾸 그러면 이 삼촌 너무 서운하다!"

나는 마지못해 옷을 갈아입었어요.

"햐, 진짜 스파이더맨이 울고 가겠다. 정말 멋져!"

"이게 뭐야!"

거울에 비친 내 모습은 정말 끔찍했어요.

꽉 들러붙은 슈트 때문에 몸매가 다 드러났어요. 볼록 나온 배에 참외 배꼽, 반으로 자른 수박을 엎어놓은 듯한 엉덩이. 고구마 같은 종아리에다가 다리 사이로 볼록하게 튀어나온…….

"외삼촌, 이런 모습으로 어떻게 나가?"

"스파이더맨이 헐렁한 옷 입는 거 봤어? 스파이더맨이 슈트 꽉 낀다고 밖에 안 나가디?"

외삼촌이 눈을 부라리며 언성을 높였어요.

"나 옷 벗을래."

"오늘 하루만이라도 좀 입고 있어주라. 이 삼촌 성의를 생각해
서라도!"

외삼촌이 팔짱을 낀 채 나를 째려보았어요.

"바다공원에 가고 싶단 말이야."

"슈트 입고 갔다 와. 아마 난리가 날 걸. 스파이더맨이 나타났
다고!"

"아잉, 벗으면 안 돼?"

나는 바지 앞춤에 들러붙은 슈트를 손으로 잡아당겼어요.

"너, 정말⋯⋯."

외삼촌이 고개를 푹 숙이며 뒤돌아섰어요.

"바다공원 갔다 와서는 벗을 거야!"

나는 냉장고 문을 열며 다짐하듯 외쳤어요.

"알았어 알았어. 그래야, 내 조카지. 어서 갔다 와!"

외삼촌은 아이스크림을 꺼내는 내 뒤통수에 대고 말했어요.

나는 엉덩이에 끼인 슈트를 손으로 빼내며 아파트 입구를 나섰
어요. 아파트 정문에서 큰 찻길만 건너면 바로 바다공원이에요.
푸른 바다와 넓은 모래사장을 에워싸듯 펼쳐진 공원이라 '바다
공원'이라 불러요.

바다공원은 언제 보아도 그림 같아요.

초록이 무성한 나무들 사이로 맑은 하천이 흐르고, 그 위로 빨간 아치형 다리가 하천을 가로질러 서 있어요. 꼬불꼬불 예쁜 꽃들이 피어있는 산책길도 있고, 조각품을 전시하는 조각공원도 있어요. 행사할 때 사용하는 공연장과 해질 녘이면 음악에 맞춰 춤을 추는 분수대도 있어요. 볼거리가 많아 멀리 다른 지역에서도 바다공원을 보러 온다고 했어요.

나는 아이스크림 껍질을 벗겨내고 입에 물었어요. 초코칩이 뿌려진 아이스크림을 혀로 핥으며 천천히 걸음을 옮겼어요.

저녁 산책을 나온 사람들이 다리 위에서 풍경을 감상하고 있었어요. 나도 아이스크림을 할짝거리며 다리 위로 올라갔어요. 난간에 팔을 걸치고 아래를 내려다 보았어요. 크고 작은 물고기들이 이리저리 헤엄치고 있었어요. 몇 마리나 될까 헤아리는 사이, 녹아버린 아이스크림이 손등을 타고 줄줄 흘러 내렸어요.

나는 서둘러 아이스크림을 먹어 치웠어요.

'이걸 어디다 버리지?'

아이스크림을 다 먹고나니 손에 든 아이스크림 껍질과 나무 손잡이가 귀찮아졌어요. 끈적이는 손가락도 얼른 씻고 싶었어요. 주위를 살펴봤지만 쓰레기통은 보이지 않았어요.

서둘러 하천으로 내려왔어요. 다리 위에 있던 사람들도 모래사
장쪽으로 걸어가고 있었어요.

"아무도 보는 사람이 없어. 지금이야."

나는 얼른 아이스크림 껍질과 나무 손잡이를 하천으로 던졌어
요. 버려진 껍질과 손잡이는 오리처럼 물 위에 둥둥 떴어요.

"첨버덩 첨벙."

쪼그리고 앉아 하천에 손을 씻었어요. 가까이 있던 물고기들이
부리나케 달아났어요. 나는 두 손으로 물을 모아 앞으로 밀쳐냈
어요. 물살을 따라 껍질과 손잡이가 조금씩 움직였어요.

"거기, 꼬마 스파이더맨!"

누군가 부르는 소리가 들렸어요. 혹시나 하고 뒤를 돌아봤어요. 공원을 관리하는 할아버지가 둑 위에서 내려오고 있었어요. 나도 모르게 가슴이 방망이질을 했어요. 나는 떠있는 아이스크림 껍질을 곁눈질하면서 일어섰어요.

"난다야, 내가 잘 모르긴 하다만 스파이더맨은 좋은 사람 아니냐?"

"마, 맞아요."

"너, 스파이더맨이지?"

"스파이더맨이요? 엥, 할아버지 제가 무슨 스파이더맨……."

나는 손을 내젓다가 빨갛고 파란 옷소매에 눈길이 머물렀어요.

'맞다, 스파이더맨 슈트!'

"난다가 스파이더맨이 되었으니 앞으론 바른 행동만 하겠구나. 이 할아버지가 기대해도 되겠지?"

할아버지는 들고 있던 뜰채로 아이스크림 껍질과 나무 막대를 걷어냈어요. 뜰채와 함께 가져온 커다란 비닐봉투 속에는 쓰레기들이 가득했어요.

그 속에 내가 버린 또 다른 쓰레기가 들어있는 것만 같아서 눈을 찔끔 감았다 떴어요.

"죄송해요, 할아버지."

나는 머리를 긁적였어요.

"죄송하긴. 우리 난다는 앞으로 잘 할 거니까 괜찮아."

"음, 잘하려고 노력은 할 거예요. 그렇지만 잘 안 될 수도 있어요."

"그래? 스파이더맨이 말썽피우는 영화는 아직 못 본 것 같은데?"

나는 할아버지가 무슨 말을 하는 건지 몰라 가만히 서 있었어요. 할아버지는 빙그레 웃으며 내 얼굴을 들여다보더니 뺨을 살짝 쥐었다 놓았어요.

"쓰레기가 저렇게 많이 나와요?"

나는 배불뚝이 비닐봉투를 가리켰어요.

"하루 동안에도 대형봉투 20개로는 부족해. 사람들은 몰려드는데 쓰레기는 그대로 두고가니 도리가 없어. 오월이 되고부터는 잠시 엉덩이 붙이고 앉을 새도 없구나. 어서 조각공원에 가봐야겠다."

"나쁜 사람들이야! 가지고온 쓰레기는 되가져가야……."

나는 마지막 말을 하다말고 입을 꾹 다물었어요. 좀 전에 한 짓이 떠올랐거든요.

"뜰채는 제가 들고 갈게요."

할아버지가 건네준 뜰채를 허공에 휘둘렀어요. 뜰채에 고였던 물이 후드득 떨어졌어요.

"할아버지, 다른 관리아저씨들은 저만 보면 혼내잖아요. '제발 말썽피우지 말고 얌전히 놀다가라!'하고요. 어떨 땐 엄마한테 전화해서 나쁜 짓했다고 고자질도 하고요. 그런데 할아버지는 왜 저를 혼내지 않으세요?"

"난다를 믿기 때문이지."

"저를 왜 믿어요?"

"난다 마음에 뚫린 구멍이 메워지면 괜찮아질 거니까."

"엥? 제 마음에 구멍이 뚫렸다고요?"

나는 걸음을 멈췄어요. 마음에 구멍이 뚫렸다면 병이 났다는 거잖아요.

"밥을 먹어도 배가 고프고, 뭘 하고 있어도 허전하고, 나만 외톨이가 된 것처럼 느껴지고……."

"맞아요, 할아버지! 허전하고 심심하고, 뭘 자꾸 건드리고 싶고……. 그러다가 말썽 피웠다고 혼나고요."

"그게 바로 마음에 구멍이 뚫렸을 때, 나타나는 증상이야."

"할아버지는 제 마음이 보이세요? 참, 신기하네요!"

나는 할아버지보다 몇 걸음 앞서 걷다가 뒤돌아보았어요.

"혹시 할아버지 마음에도 구멍이 뻥 뚫린 거 아니에요? 그러니까 제 마음을 다 아시는 거잖아요."

"이 녀석이!"

할아버지가 꿀밤 먹이는 시늉을 했어요.

"난다야, 집에 가서 마음에 뚫린 구멍을 어떻게 메울지 생각해 봐라. 할아버지는 답을 찾지 못했다만 난다는 똑똑한 아이니까 찾을 수 있을 거야."

할아버지는 아리송한 말을 남기고, 갈림길에서 손을 흔들었어요.

4. 유채꽃밭에서

'마음에 뚫린 구멍은 어떻게 메우는 걸까?'

그날 바다공원에서 할아버지와 헤어진 뒤, 내 머릿속은 온통 이 생각뿐이었어요. 세수를 하다가도, 밥을 먹다가도 할아버지 말이 떠올랐어요. 오늘 아침, 화장실에 앉아서도 이 생각을 하고 있었어요.

'먼저 시비를 걸진 않았지만 다른 친구가 싫어하는 행동을 한 건 맞잖아.'

"통!"

'바다공원에서는 쓰레기도 버리고, 하천에 들어가 물고기도

괴롭혔어. 조각상에 올라 타 놀기도 하고 말이야.'

"토똥!"

'그래도 마음은 허전했어.'

생각 하나가 떠오를 때마다 똥 한 덩이가 떨어졌어요.

"뿌지직!"

'스파이더맨 슈트도 입었으니까 이젠 나쁜 짓하기도 힘들 테고 말이야.'

"빠박, 통!"

'맞아, 바로 그거야!'

나는 날아갈 듯 가벼워진 몸과 마음으로 화장실을 나왔어요. 바다공원에 가려고 현관문을 나서려는데 외삼촌 목소리가 나를 붙잡았어요.

"난다야, 그 슈트 빨 때가 지난 것 같은데?"

"괜찮아. 더 입어도 돼!"

"내복이라고 난리더니 이제는 안 벗겠다고 난리네."

외삼촌은 세탁기 앞에 서서 고개를 저었어요. 사실 외삼촌 강요에 못 이겨 슈트를 입은 뒤로 한 번도 벗지 않았어요.

처음엔 몸에 딱 붙는 느낌이 무척 어색하고 민망했어요. 외삼촌만 아니었다면 의류수거함에 바로 넣어 버렸을 지도 몰라요.

"입어보니 편하지? 면에 스판이 섞여서 더 편할 걸!"

외삼촌 말은 사실이었어요.

슈트는 아무 것도 입지 않은 것처럼 가벼웠어요. 게다가 움직이는 대로 쭉쭉 늘어났어요. 스파이더맨이 슈트만 입는 이유를 알 것 같았어요. 지금은 누가 뭐래도 스파이더맨 슈트를 포기할 생각이 없어요.

나는 아파트를 빠져나와 바다공원으로 달려갔어요. 어디로 갈까 두리번거리다가 전망대쪽으로 걸음을 옮겼어요. 전망대에 오르자 시원한 바람이 불어 이마에 맺힌 땀을 식혀 주었어요.

"우와! 경치가 정말 좋아!"

"다람쥐 쳇바퀴 돌 듯 집하고 병원만 오가다가 이렇게 나오니 정말 좋네."

서너 걸음 떨어진 곳에서 이야기 소리가 들렸어요. 직장에 다니는 누나들 같았어요. 한 명은 원피스를 입었고 다른 한 명은 위아래 운동복 차림이었어요.

"쟤, 내복 아니니?"

"앞도 볼록 뒤도 볼록!"

잠시 후, 뒤에서 킥킥대는 소리가 들렸어요. 고개를 돌려보니 아까 그 누나들이었어요.

내 엉덩이에 시선을 고정시킨 채 웃고 있었어요.

"아무리 봐도 웃겨!"

"눈 둘 때가 없네, 킥!"

손으로 입을 막고 속닥거렸지만 내 귀에 다 들렸어요.

한 마디 하려다가 신경쓰지 않기로 했어요. 스파이더맨은 이런 일쯤은 그냥 무시했을 테니까요.

나는 눈앞에 펼쳐진 풍경만 내려다보았어요. 무슨 일을 해야 할아버지를 도울 수 있을까 생각했어요.

그때, 방송을 알리는 차임벨이 울렸어요.

"바다공원 관리소에서 당부 말씀드립니다. 바다공원에 봄꽃들이 피어나고 있습니다. 꽃밭으로 들어가 사진 촬영을 하는 분들로 인해 꽃들이 짓이겨지고 있습니다. 사진 촬영은 밖으로 나와서 해주시기 바랍니다. 여러분의 성숙한 시민의식이 꼭 필요한 때 입니다."

안내방송처럼 바다공원에는 알록달록 봄꽃들이 한창이었어요.

초록 풀밭에 노란 유채와 분홍 철쭉, 색색의 튤립들이 기다란 꽃띠를 이루고 있었어요.

주말이라 바다공원은 일찌감치 붐비기 시작했어요. 주차장으로 들어오는 자동차가 점점 늘어났어요.

"스파이더맨이 활약할 시간인가!"

나는 혼잣말을 하며 전망대 계단을 내려갔어요.

자갈길을 지나고 아치형 다리를 건너 유채꽃길로 접어들었어요. 몽글한 유채꽃 향기가 코끝을 스쳤어요. 노란 물감을 톡 톡 찍어낸 듯 유채꽃들은 점점이 흔들리고 있었어요.

"사진 한 장 찍고 가자!"

저만치 앞에 전망대에서 본 누나들이 서 있었어요.

"유채꽃 안에 들어가 봐. 그래야 더 예쁘겠는데."

"아까 들어가지 말라고 방송했잖아. 그냥 찍어!"

"괜찮아. 다른 사람들도 다 들어가서 찍은 것 같은데!"

휴대폰을 든 누나가 한 곳을 가리켰어요.

유채꽃무더기가 쓰러져 있었어요. 유채꽃을 밟고 들어가 사진
을 찍은 흔적이었어요.

"그럴까? 어차피 망가져 있는데 뭐."

운동복을 입은 누나가 꽃밭에 들어가 섰어요. 양손을 들어 브
이자를 만들며 과장된 웃음을 지었어요.

"예쁘게 찍어줘. sns에 올릴 거니까!"

"자, 찍는다! 하나, 둘. 잠깐만 몇 걸음 옆으로 더 가 봐."

"꽃을 밟으라고?"

"뭐 어때? 몇 송이 더 꺾여도 괜찮아. 표도 안 난다니까!"

머뭇거리던 누나가 걸음을 옮겼어요. 유채꽃 몇 송이가 맥없이 쓰러졌어요.

"그래. 거기 딱 좋아! 하나, 둘,……."

"안 돼요! 어서 나와요."

나는 달려가며 소리쳤어요.

카메라를 든 누나는 셋을 외치려다 말고 돌아봤어요.

"꽃 밟지 마세요!"

"이 꽃 우리가 밟은 거 아닌데."

"방금 이쪽에 있는 꽃 밟았잖아요. 저기서 다 봤어요."

"그, 그래? 그런데 뭐? 다른 사람들도 다 밟고 들어가 사진 찍던데 뭐."

사진기를 든 누나가 턱을 치켜들었어요.

"안내방송 들었잖아요. 꽃밭에 들어가지 말라고요."

"잠시 사진 찍는 것도 안 된단 말이니?"

"네, 안 돼요. 밖에서 찍으세요."

누나는 성가시다는 표정을 지었어요.

나는 꽃밭에 서 있는 누나에게 빨리 나오라고 손짓했어요.

"아니, 네가 뭔데 자꾸 나오라 마라야?"

"이런 건 기본예절이라고요!"

"어머어머, 얘 좀 봐!"

"우리를 기본예의도 모르는 인간으로 만들어 버리네."

누나들은 말문이 막히는지 동그랗게 뜬 눈을 연신 깜박였어요.

'착한 일을 하면 이렇게 당당해질 수 있구나.'

나는 어깨를 쭉 폈어요.

"꼬마 스파이더맨, 남의 일에 참견 마셔!"

"맞아! 집에 가서 그 스파이더맨 내복이나 좀 빨아달라고 그래! 시간나면 운동도 좀 하고."

카메라를 든 누나가 눈을 치뜨며 내 배를 쳐다봤어요. 운동복 누나도 '쳇' 하고 혀를 찼어요.

나는 내 슈트를 앞뒤로 훑어봤어요.

일주일 사이 옷이 좀 낡긴 했어요. 하도 입어서 그런지 무릎이 툭 튀어나오고, 엉덩이가 늘어나 있었어요. 음식국물이 튄 자국도 있고요. 그래도 그렇지 스파이더맨 슈트를 내복이라니!

"운동은 알아서 할게요. 어서 나오기나 해요!"

나는 목에 걸고 있던 호루라기를 힘껏 불었어요.

"아니, 얘가 왜 이래 정말!"

운동복 누나가 허겁지겁 꽃밭에서 나왔어요.

"참, 별난 애네. 자기가 뭐 진짜 스파이더맨이라도 된 줄 아나
봐"

"기분 다 잡쳤어. 다른 데 가서 찍자. 쟤 웃겨 정말!"

누나들은 걸어가면서도 흘깃흘깃 뒤를 돌아봤어요.

"야, 신난다!"

걸음을 옮기려는데 자전거 한 대가 옆에 와 섰어요.

"여기서도 말썽이냐?"

범석이었어요.

"말썽부린 거 아니거든!"

나는 못마땅한 표정으로 범석이를 쏘아보았어요.

"너 땜에 교실이 만날 시끄럽잖아."

"네가 떠들어서 시끄러운 거지."

나도 지지 않고 소리쳤어요. 범석이가 자전거 위에서 나를 노려봤어요.

"학습준비물 바구니도 너 때문에 떨어진 거잖아. 네가 경수를 뒤에서 떠밀어서."

"누가 그래? 경수가 그렇게 말해?"

"경수가 그랬다면 학교 가서 경수 또 괴롭히려고?"

"이 녀석이 나를 악당으로 모는구나!"

범석이 눈에 불꽃이 일었어요.

"두고 봐. 가만 안 둘 거야!"

"가만 안 두면 어쩔 건데! 하나도 안 무섭거든, 흥!"

나는 코웃음을 쳤어요.

"이 치사빤스 뚱보 엉터리 스파이더맨, 난다 난다 짱난다야!"

범석이는 붉그락푸르락 달아오른 얼굴로 씩씩거렸어요.

잠시 후, 범석이가 탄 자전거가 조금씩 멀어졌어요.

"여긴 자전거 도로가 아니야. 자전거에서 내려!"

나는 손나발을 만들어 소리쳤어요.

범석이가 힐끗 뒤돌아보더니 종 주먹을 휘둘렀어요.

"콱 고꾸라져 버려라!"

젖 먹던 힘을 다해 소리치던 나는 얼른 입을 틀어막았어요.

'난다가 스파이더맨이 되었으니 앞으론 바른 행동만 하겠구나.'

얼마 전, 할아버지가 한 말이 귓전을 스쳤거든요.

5. 콜라분수

시간이 지나자 바다공원을 찾는 사람들이 점점 많아졌어요.

할머니, 할아버지를 모시고 나온 가족도 보이고 아이들과 함께 나들이 온 가족들도 눈에 띄었어요. 다들 입가에 미소를 짓고 있었어요. 포근한 오월의 햇살이 사람들을 미소 짓게 하나 봐요.

나는 바람 솔솔 불어오는 나무벤치에 앉았어요. 저쪽에서 엄마 손을 잡고 걸어오는 아이가 보였어요. 또닥또닥 걷는 모습이 병아리를 닮았어요.

문득, 엄마 생각이 났어요.

'엄마는 잘 계시겠지?'

이번처럼 엄마가 오랫동안 출장을 간 적은 없었어요. 외삼촌이 와 있긴 하지만 엄마가 없으니 집이 텅 빈 것처럼 느껴졌어요.

"헤이, 꼬마 스파이더맨!"

할아버지 목소리가 들렸어요. 할아버지가 쓴 파란 야구모자가 시원해 보였어요.

"할아버지!"

나는 쪼르르 달려가 할아버지 팔에 매달렸어요. 할아버지는 부들부들 떨면서도 내가 매달릴 수 있게 팔을 올려주었어요.

"요 녀석, 하루가 다르게 무거워지네!"

"똥장군이지요?"

"똥장군이라니, 난다는 금장군이야!"

"히히히! 오늘도 열심히 임무 완수하겠슴돠!"

나는 이마 옆으로 손을 들어 경례를 올렸어요. 할아버지도 "어이!" 하며 경례를 받아주었어요.

"주말이라 사람이 많구나. 슬슬 바빠지겠는데."

할아버지는 내 머리를 쓸어주고는 야외 분수대쪽으로 바삐 걸어갔어요. 나도 산책로를 따라 걸었어요. 나지막한 둑 사이로 하천이 흐르고 있었어요. 하천에는 돌멩이와 수초 사이로 작은 물고기들이 헤엄치고 있었어요.

키 작은 풀들이 돋아난 둑에는 하얀 꽃들이 키 재기하듯 피어 있었고요.

"아빠, 나 물고기 잡으러 갈 거야!"

"치킨 마저 먹고 가."

"싫어, 빨리 잡고 싶단 말이야!"

한 무리의 사람들이 둑에 돗자리를 깔고 앉아있었어요. 돗자리 가운데는 음식들이 펼쳐져 있었는데 냄새만으로도 어떤 음식인지 알 것 같았어요. 배꼽시계가 요란한 걸 보니 점심때가 되었나 봐요.

"아빠, 이건 내가 가져갈게."

소리 나는 쪽으로 고개를 돌려보니 남자아이가 빈 캔을 비닐봉지에 담고 있었어요. 비닐봉지를 들고 걸어가는 남자아이는 유치원 이름이 찍힌 운동복을 입고 있었어요. 아이는 둑을 내려와 비닐봉투에서 캔을 꺼내 발로 밟았어요.

"죽어라! 죽어!"

찌그러진 캔을 집어든 아이는 하천으로 냅다 집어 던졌어요. 던져진 캔들이 물 위로 떠올랐어요. 아이는 허리를 숙여 물고기들을 살폈어요.

"한 마리도 안 죽었어."

아이는 심술궂은 얼굴로 비닐봉지를 뒤적거리더니 캔 하나를
꺼내들고는 마구 흔들었어요. 아이가 꼭지를 따자 시커먼 액체
가 허공을 향해 불꽃처럼 치솟았어요.

"우헤헤헤! 분수다!"

사방으로 튄 콜라는 풀밭을 적셨어요.

"그만 둬! 그러면 안 돼!"

나는 걸음을 서둘렀어요.

"그러다 벌에 쏘이면 어떡할래?"

"벌에 왜 쏘여?"

"달콤한 음료수 냄새를 맡고 벌이 날아온단 말이야."

아이는 못 들은 척 고개를 홱 돌렸어요.

내가 보고 있는데도 발로 밟은 캔을 또 던지려고 했어요.

"하천에 캔 던지지 마! 물고기들도 괴롭혀선 안 돼!"

나는 아이 앞을 가로막았어요. 아이가 빠져나가려고 할 때마다
다시 막아섰어요.

"아빠, 얘가 자꾸 괴롭혀!"

아이가 옆으로 고개를 내밀고는 아빠를 불렀어요. 자기보다 형
인 나를 '얘'라고 부르면서요.

"누가 우리 아들을 괴롭혀?"

어깨가 떡 벌어진 아저씨가 바지에 손을 꽂은 채 걸어왔어요. '너는 뭐냐?' 하는 눈빛이었어요. 팔뚝에 새긴 문신이 드라마에 나오는 나쁜 사람처럼 보였어요.

나는 움찔했지만 티는 내지 않았어요.

"얘가 콜라분수 만들지 마라, 하천에 캔 던지지 마라, 자꾸 간섭해."

아이가 나를 손가락질했어요.

"왜 그러냐, 너?"

아저씨가 턱짓으로 물었어요. 나는 마른 침을 꿀꺽 삼켰어요.

"왜 그러느냐고? 우리 아들한테!"

"콜라를 풀밭에 뿌리면 벌이 날아와요. 잘못하다간 벌에 쏘일 수도 있다고요."

나는 배에 힘을 주고 또박또박 말했어요. 어리버리 바보처럼 굴면 더 얕잡아 볼 것 같았거든요.

"그래서?"

"그래서 콜라 뿌리지 말라고 한 거예요. 하천에 캔을 던지지 말라는 안내도 팻말에 적혀있다고요."

「여기는 물고기들이 사는 하천입니다.

　　돌멩이나 이물질을 버리지 말아주세요.」

아저씨는 내가 가리킨 안내팻말을 눈으로 쓱 훑었어요.

"돌멩이를 던진 것도 아니고, 캔이 이물질이라고 누가 그러디?"

아저씨가 허리춤에 손을 얹더니 한 손으로 삿대질을 했어요. 말도 안 되는 억지를 부리면서요.

"아저씨, 제가 뭘 잘못했나요?"

"그럼 우리 아들이 잘못했다는 거야?"

도통 말이 통하지 않는 아저씨와 아들이었어요.

"앗, 따가워!"

두어 걸음 떨어진 곳에 서 있던 아이가 갑자기 풀썩 주저앉았어요. 한 손으로 목덜미를 거머쥐고 있었어요. 손가락 사이로 벌한 마리가 '윙' 소리를 내며 빠져 나왔어요.

"왜, 왜 그래?"

"벌이, 벌이 그랬어. 아, 따거, 따갑다고! 엉엉엉!"

아저씨가 아이의 목덜미를 살펴봤어요. 벌에 물린 자국이 벌겋게 부어오르고 있었어요.

"아파죽겠단 말이야! 으아아앙!"

"물파스를 발라야 하나, 이걸 어째!"

아저씨가 울상을 지으며 어쩔 줄 몰라 했어요.

아이의 목덜미를 쳐다봤다가 지나가는 사람들을 올려보다가
혼자서 쩔쩔 매더라고요.

'샘통이다!'

나는 웃음을 참느라 콧구멍이 마구 벌렁거렸어요.

"관리실에 가면 약상자 있어요."

안 가르쳐주려다가 선심 쓰는 척 한 마디 던졌어요.

"고, 고맙다."

아저씨는 나하고 눈도 마주치지 못했어요.

벌겋게 달아오른 얼굴로 버둥대는 아이를 안아들었어요.

아저씨가 뛸 때마다 팔에 안긴 아이의 다리가 대롱거렸어요.

나는 아빠에게 안긴 아이를 바라보다가 얼른 고개를 돌렸어요.

어쩐지 그 애가 부럽다는 생각이 들었거든요.

6. 할아버지 병문안

"난다야, 오늘은 바다공원에 나가지 마."

외삼촌은 식탁에 반찬을 올려놓으며 말했어요.

아파트 상가 반찬가게에서 사 온 반찬들이었어요.

"왜?"

"엊저녁에 사고가 있었나 봐. 관리실 할아버지가 다쳐서 병원에 입원하셨대."

"정말이야?"

나는 소시지를 집으려고 들고 있던 젓가락을 황급히 내려놓았어요. 그 바람에 젓가락이 바닥으로 떨어졌어요.

"많이 다치신 건 아니지?"

나는 엉덩이를 들썩거리며 물었어요.

금장군이라며 추켜세우던 할아버지 얼굴이 떠올랐어요.

"그건 잘 모르겠어. 할아버지가 퇴근 하는 길에 주차 문제로 시비가 있었나 봐. 운전자가 할아버지를 자동차로 치고 달아났대."

"지금 가볼래."

"병원도 모르면서 어딜 간다는 거야!"

식탁에서 발을 빼려는 나를 외삼촌이 붙잡았어요.

"삼촌은 누구한테 들었어?"

"아침에 분리수거하러 나갔다가 들었지. 주차구역 아닌 곳에 주차를 하고 있어서 할아버지가 차를 빼라 그랬나 봐. 그랬다고 사람을 치고 달아나? 정말 무서운 세상이야!"

외삼촌이 말끝에 쯧쯧 혀를 찼어요.

"요즘 사람들은 다들 자기 생각밖에 안 하나 봐!"

"삼촌, 바다공원에 그런 사람 엄청 많아. 아무 데나 음식쓰레기 버리는 사람, 화장실이 가까이 있는 데도 나무 뒤에 숨어서 오줌 누는 사람."

"허걱!"

외삼촌이 어이없다는 표정을 지었어요.

"그 뿐인 줄 알아? 그늘에 담요 펴놓고 화투치는 아저씨들도 있어. 아무 데서나 담배피고 담배꽁초도 풀밭에 그냥 버리고. 애들이 마구 꽃을 꺾는데도 어른들이 야단을 안 쳐. 애들 기죽이면 안 된다고."

말을 하다 보니 슬슬 열이 뻗쳤어요.

"조각상에 올라가서 사진도 찍어! 그러다 조각상 부러뜨려놓고는 슬그머니 도망가 버린다니까! 데리고나온 강아지가 똥을 눴는데도 그냥 가고."

"그렇게 몰지각한 사람들이 있단 말이야?"

외삼촌은 믿기지 않는다는 투로 물었어요.

"그런 사람들 생각하면 열이 나. 아후, 더워라!"

나는 펄럭펄럭 손 부채질을 했어요.

그러다 나를 빤히 쳐다보는 외삼촌과 눈이 딱 마주쳤어요.

"그런데 말이다 난다야, 예전에는 네가 그러지 않았니?"

"무슨 말이야? 삼촌. 내가 언제 그랬다고?"

나는 가슴이 뜨끔했어요.

"생각 안 나냐? 꽃밭에 들어가 꽃을 댕강댕강 꺾고, 아무 데나 오줌 싸고, 주차장 입구에 '주차금지' 팻말 세워놨다가 한바탕 난리 났었잖아. 주차 못한 차들이 도로에 가득 밀려서. 아후, 말을 말아야지!"

외삼촌이 쓴웃음을 지었어요.

"네 엄마가 바다공원 관리실에서 온 항의전화를 한 두통 받은 게 아니잖아. 아무리 '신나게 세상을 살아가라'는 의미로 네 이름을 '신난다'로 지었다지만 해도 너무 했었지."

나는 머쓱해져서 아랫입술을 쭉 내밀었어요.

"근데 너, 스파이더맨 슈트 입은 뒤부터 달라진 거 알고 있니?"

"음, 그런가?"

나는 외삼촌에게 '마음의 구멍'에 대해서는 말하지 않았어요. 구멍을 메우기 위해 착한 일을 하고 있다는 것도요.

"그거 다 삼촌 덕분이다, 너. 삼촌이 네 행동교정까지 해줬으니까 이참에 엄마한테 교정비 청구도 좀 해야겠다. 짭짤하겠는걸. 이히히!"

외삼촌이 손가락을 동그랗게 만들어 살살 흔들었어요.

"행동교정? 난 원래 스파이더맨처럼 용감하고 착한 사람이었는데?"

"그 말을 누가 믿겠니?"

"그래그래, 삼촌 말이 맞아. 삼촌 덕분에 내가 착한 사람이 됐어. 그래서 말인데 삼촌, 할아버지 병원에 좀 데려다 줘."

외삼촌이 실눈을 뜨고 내 얼굴을 살피더니 갑자기 푸하하하 웃었어요. 손뼉까지 쳐대면서요.

"왜 그래, 삼촌?"

"아하하하, 그 생각을 못했네! 한 가지 조건이 있어. 삼촌 덕분에 네가 착해졌다고 엄마한테 말해 줄 수 있어?"

"꼭 그래야 돼?"

"암, 그래야지. 내가 암만 얘기해봐야 네 엄마가 믿어주겠니?"

"알았어."

외삼촌 조건이 맘에 들지 않았지만 어쩌겠어요. 외삼촌은 라랄라 노래를 흥얼거리며 아침상을 마저 차렸지요.

병원은 지하철로 세 정거장이었어요.

할아버지는 4인용 병실에 누워 있었어요.

"할아버지, 괜찮으세요?"

"난다 아니냐? 여기까지 다 오고!"

할아버지 다리에는 하얀 석고가 두툼하게 감겨있었어요. 다리 뼈에 금이 갔다고 했어요.

"많이 아파요?"

"으음, 괜찮아. 이렇게 편하게 누워있는데 뭐가 아파!"

내 손을 잡는 할아버지 눈가가 짓물러 있었어요.

"아참, 우리 외삼촌이에요."

외삼촌이 손에 든 음료수 상자를 내려놓았어요.

"이렇게 와줘서 정말 고맙구먼."

"아닙니다. 우리 난다가 하도 말썽을 피워서 뵐 면목이 없습니다."

"무슨 소리, 그건 옛말이네. 난다가 얼마나 착해졌는데. 난다 없이는 바다공원 관리가 안 되네."

"그, 그런가요?"

외삼촌이 놀란 눈으로 나를 쳐다봤어요. 나는 거보란 듯이 어깨를 추켜올렸지요.

"사고 낸 범인은 잡았나요?"

"지금 찾고 있다는구먼. CCTV가 있으니 곧 잡히겠지."

나는 병실을 휘 둘러봤어요.

가족들이 환자 옆에서 간호를 하고 있었어요. 물수건으로 얼굴을 닦아주기도 하고, 침대 등받이를 올리거나 내려주기도 했어요.

"할아버지 가족은 어디 가셨어요?"

내 물음에 할아버지는 미소만 지었어요.

"손잔가 보구나. 찾아오는 이가 없어 가족이 없나보다 했는데.

아주 씩씩하고 잘 생긴 손자가 있으셨구먼!"

팔에 링거를 꽂은 할머니가 나를 보며 웃었어요.

외삼촌과 나는 할아버지가 마실 물도 담아놓고, 물수건으로 얼굴도 닦여 드렸어요. 다치지 않은 다리도 주물러 드리고요.

"할아버지, 혈압 좀 잴게요."

간호사 누나가 다가왔어요.

"어, 운동복 누나!"

"바다공원 스파이더맨?"

간호사 누나가 눈을 동그랗게 떴어요.

"그때 유채꽃, 으읍……."

누나가 황급히 내 입을 틀어막았어요.

"나, 나중에 얘기하자."

누나는 당황한 얼굴로 눈을 끔뻑거렸어요. 외삼촌이 나와 누나를 번갈아 쳐다보았어요.

"우리 할아버지예요. 잘 부탁드려요."

"그, 그래."

볼 일을 마친 누나는 행여 눈이 마주칠까 고개를 외로 꼰 채, 종종걸음으로 병실을 빠져나갔어요.

"할아버지, 내일 또 올게요."

나는 부러 큰 소리로 인사했어요.

"우리 할아버지 잘 부탁드립니다!"

"아이고 그 놈, 인사성도 밝네!"

나는 병실에 있는 다른 사람들에게도 꾸벅 인사를 했어요.

할아버지가 가만히 손을 흔들었어요. 할아버지 눈자위가 붉어
졌어요.

"할아버지는 가족이 없나 보더라. 혼자 사신대."

병원 문을 나서면서 외삼촌이 말했어요.

"병원비도 문제라네. 범인이 잡혀야 병원비가 해결될 텐데."

"가족도 없고, 병원비도 내야하고……."

할아버지가 불쌍하다는 생각이 들었어요.

"그래서 할아버지 마음에 구멍이 뚫린 건가봐."

"무슨 소리야?"

"아, 아니야 삼촌."

나는 혼잣말을 하다가 재빨리 손을 내저었어요.

"삼촌이 좀 도와주면 안 돼? 나랑 같이 범인 찾아보자."

외삼촌은 무슨 시답잖은 소리냐는 표정으로 걸음을 멈췄어요.

"난 스파이더맨이잖아. 나를 스파이더맨으로 만든 건 삼촌이
고. 그러니까 삼촌이 책임져야지!"

"아무리 스파이더맨이라도 그렇지. 남의 일에 네가 왜 나서려고 그래?"

"삼촌, 원래 스파이더맨이 남을 도와주는 거 아니었어?"

"뭐, 또 그렇긴 한데……."

외삼촌이 고개를 돌리더니 쩝! 입맛을 다셨어요.

"삼촌은 시간도 많잖아!"

"그래, 나 백수다. 백수라서 시간도 많다, 왜?"

외삼촌이 버럭 성질을 부렸어요. 나는 깜짝 놀라 외삼촌을 쳐다봤어요.

"왜 그래, 삼촌……."

"아, 알았어! 시간이 남아도는 내가 도와줘야지. 알았어, 도와준다고!"

외삼촌은 나를 두고 성큼성큼 앞서 걸었어요.

골이 난 외삼촌 뒷모습이 어쩐지 외로워 보였어요.

나는 얼른 달려가 외삼촌 손을 꼭 잡아주었어요. 고맙다는 인사도 잊지 않았어요.

7. 술 취한 아저씨

외삼촌과 나는 지하철역에서 내려 바로 바다공원 관리실로 왔어요. 사고 난 날 CCTV를 보고 싶었거든요.

"2018년도에 출시된 루바라는 자동차네요. 지금은 단종된 차종이에요."

"아니, 그걸 어떻게 알아요?"

직원아저씨가 입을 떡 벌렸어요. 나도 자동차를 보자마자 출시 연도와 이름을 알아맞히는 외삼촌이 신기했어요.

"자동차 생긴 모양만 봐도 답 나와요!"

태어나 처음으로 외삼촌이 존경스러운 순간이었어요.

사실 외삼촌은 자동차광이에요.

멋진 차를 사는 게 외삼촌 소원이지만 지금은 돈이 없대요.

"강태주, 네가 애냐? 정신 좀 차려라!"

엄마는 용돈을 줄 때마다 외삼촌을 야단쳤어요. 엄마말로는 외삼촌이 받은 용돈으로 모형 자동차를 사 모은다는 거예요.

CCTV 화면에 비친 자동차는 요란했어요.

자동차 뚜껑은 활짝 열려있고, 파란바탕에 하얀 줄무늬 두개가 앞 범퍼에서 뒤쪽 트렁크까지 그려져 있었어요. 꼭 경주용 자동차처럼 보였어요.

"차에 색을 칠하고 개조를 해도 기본 모양은 변하지 않거든요."

외삼촌은 의자에 앉아 CCTV를 다시 돌려봐달라고 부탁했어요.

"여기, 여기서 멈춰주세요!"

외삼촌은 휴대폰으로 자동차가 선명하게 나온 장면을 여러 장 찍었어요.

"불법이 취미인가 봐요. 이렇게 자동차 번호판까지 가리고 다니는 걸 보면."

"그런 놈이니 할아버지를 치고 달아난 거 아니겠어요? 범인을 잡아야 할아버지도 한시름 놓으실 텐데."

직원아저씨가 한숨을 내쉬었어요.

"자동차 동호회 SNS에 사진을 올리면 연락이 올 것 같긴 해요."

외삼촌은 차량이 개조된 모습이나 운전자의 옷차림 등이 동호회활동을 하는 사람처럼 보인다고 했어요.

"아하, 그럴 수도 있겠네요!"

"경찰관들도 찾고 있으니까 곧 잡힐 거예요."

그때였어요. 검정색 스피커가 지지직거리더니 다급한 목소리가 들렸어요.

"여기는 전망대, 50대로 보이는 술 취한 남자가 바다로 뛰어들려고 합니다. 지원 요청 부탁드립니다."

"지원 요청하겠습니다."

직원아저씨가 줄 달린 네모난 마이크에 대고 말했어요.

"제가 가 볼게요."

미처 뭐라고 할 새도 없이 외삼촌이 후다닥 달려 나갔어요.

나는 영문을 몰라 멍하게 서 있다가 외삼촌을 따라 나갔어요. 외삼촌은 벌써 저만치 앞서 달려가고 있었어요.

"삼촌 같이 가!"

외삼촌은 뒤도 돌아보지 않았어요. 내가 전망대 앞에 도착했을 때, 외삼촌은 술 취한 아저씨 주변에서 서성대고 있었어요.

"저리가, 저리가란 말이야! 가까이 오면 바로 뛰어 내릴 거야! 꺽, 꺼억!"

아저씨는 3층 높이의 난간 위로 다리 하나를 걸치고 고래고래 고함을 질렀어요. 몸을 조금만 기울여도 떨어질 것 같았어요. 너무 위태로워 보여서 가슴이 졸아들었어요.

"아저씨, 이러시면 안 돼요. 집에 있는 가족도 생각하셔야지요."

아저씨를 달래는 외삼촌 목소리가 들렸어요.

"직장도 없어, 돈도 없어, 누가 좋아하겠어? 가족들도 나를 귀찮아한다고! 나는 살 자격이 없어! 꺼어억!"

아저씨 몸이 휘청했어요.

"엄마야!"

전망대 아래에 모여 있던 사람들이 비명을 질렀어요.

외삼촌이 뒤에서 아저씨를 붙잡지 않았다면 큰 일 날 뻔했어요. 아저씨가 몸을 뒤틀며 외삼촌 손아귀에서 빠져나오려고 안간힘을 썼어요. 이번에는 외삼촌도 같이 휘청거렸어요.

"저러다 둘 다 떨어지겠어!"

"위태위태해 죽겠네!"

사람들이 또 웅성댔어요.

나는 사람들을 헤집고 앞으로 나갔어요.

"아저씨, 힘내세요. 저도 몇 년째 백숩니다. 아저씨 마음 잘 안다고요."

"자네도 백수야? 백수는 사람 취급도 못 받는 세상이지. 누군 뭐 백수가 되고 싶어 되었나! 꺼억!"

아저씨는 술이 취해 그런지 발음이 꼬였어요. 팔 하나를 휘저어가며 소리소리 쳤어요.

"놔! 놓으라고. 이 더러운 세상, 미련 없어. 제발 좀 놓으라고!"

아저씨가 한 손으로 외삼촌을 냅다 떠밀었어요. 외삼촌이 어이쿠! 하고 엉덩방아를 찧었어요.

그 사이 아저씨가 나머지 다리마저 난간 밖으로 내밀었어요. 금방이라도 떨어질 것처럼 아슬아슬했어요.

"아저씨!"

나는 손나발을 만들어 소리쳤어요. 심장이 벌렁거리고 입안이 바짝바짝 말랐어요. 이럴 때, 슈트 손목에서 거미줄이 나온다면 정말 좋겠다는 생각이 들었어요.

"아저씨, 저 알아요?"

아저씨가 팔을 돌려 난간을 잡은 채, 아래를 내려다 봤어요.

"니가 누군데?"

"스파이더맨이에요. 제가 아저씨 구해줄게요."

"니가 나를 구한다고? 꺽! 어떻게? 니가 직장 구해줄래?"

"아니오. 제가 사장님이 아니라서 직장은 못 구해줘요."

뒤에 모여선 사람들이 웃었어요.

"허허, 꼬마 스파이더맨이 무슨 수로 나를 구한다고! 꺽!"

아저씨가 한 손으로 머리카락을 쓸어 넘겼어요. 그 바람에 아저씨 몸이 한쪽으로 기우뚱거렸어요. 외삼촌이 재빠르게 움직였어요.

"난간 안으로 들어가세요. 어서요. 그러면 가르쳐 드릴게요."

"네가 이리 와서 말해라, 이놈아!"

아저씨가 올라오라며 고개 짓을 했어요. 아저씨 마음이 변할까봐 나는 한달음에 계단을 뛰어 올라갔어요.

"아저씨, 저 왔어요. 이쪽으로 오세요, 헥헥!"

나는 숨을 고르며 전망대 긴 의자에 앉았어요. 나를 바라보는 아저씨 눈이 뻘갰어요. 심장이 또 벌렁거렸어요.

"에구, 우리 집 꼬맹이를 닮…았……. 흐흑!"

아저씨는 말을 채 맺지 못하고 흐느꼈어요. 술 냄새가 훅 끼쳤어요.

나는 천천히 아저씨 옆으로 다가갔어요.

'조심해.'

외삼촌이 입모양으로 말했어요.

"아저씨, 저랑 같이 의자에 앉아요. 어서요."

나는 아저씨 팔을 꼭 잡았어요.

"아저씨가 떨어지시면 저도 같이 떨어져요. 어서 이쪽으로 오세요."

"휴우~"

아저씨는 크게 한숨을 내쉬더니 외삼촌 도움을 받아 몸을 돌렸어요. 천천히 난간 안으로 들어온 아저씨는 바닥에 털썩 주저앉았어요. 아저씨는 한동안 아무 말도 하지 않았어요. 가끔 손을 들어 눈물만 닦아냈지요.

아저씨가 우는 모습을 보니 나도 눈물이 났어요.

"아저씨, 울지 마세요."

"그래, 고맙다. 우리 집 꼬맹이를 봐서라도 내가 살아야지."

아저씨가 두 손으로 얼굴을 문질렀어요.

"직장을 잃기 전에 어떤 일을 하셨어요?"

외삼촌이 일부러 말을 시키는 것 같았어요.

"흠, 청소용역업체를 운영했어. 꽤 괜찮았지. 직원도 여럿 있었고."

"그런데 어쩌다가?"

나도 외삼촌처럼 그 이유가 궁금했어요.

"친구 꾐에 빠져 사기를 당했어. 다 내 잘못이야. 가족들이 싫어할 만 해. 끄흡!"

아저씨는 감정이 복받쳐 오르는 모양이었어요.

"힘내세요. 좋은 날이 올 거예요!"

"고맙수. 젊은 양반도 힘내쇼!"

아저씨가 일어나 외삼촌에게 명함을 건넸어요. 예전 잘나갈 때 사용하던 명함이라고 했어요.

구조대가 도착하기 전에 아저씨는 전망대 계단을 내려갔어요. 술이 다 깼다며 부축하려는 것도 마다했어요.

"꼬마 스파이더맨 수고 많았어!"

"젊은 양반도 아주 훌륭해!"

끝까지 지켜보던 사람들이 박수를 쳤어요.

"스파이더맨 아니었으면 큰 일 날 뻔 했어!"

외삼촌이 내 어깨를 톡톡 두들겨 주었어요.

"외삼촌이 한 일이잖아. 우리 외삼촌 짱이야!"

나는 진심을 담아 외삼촌에게 엄지척을 날렸어요.

"아까, 네가 아저씨를 구해준다고 그랬잖아. 방법이 있었던 거야?"

"아니."

"방법도 없으면서 구해준다고 큰소리쳤다고?"

"진심은 통한다고 하잖아. 아저씨를 구해야겠다는 마음만 있
으면 구할 수 있다고 믿었어."

외삼촌 눈이 점점 커졌어요.

"얘가 나를 감동시키네. 역시 너는 내 조카야! 하하하하!"

"우헤헤헤!"

어느 새, 저녁 해가 떨어지고 있었어요.

황금빛이 번져가는 바다공원은 스파이더맨 영화에 나오는 한
장면처럼 무척 신비로웠어요.

8. 나쁜 스파이더맨과 악당들

"범인이 잡혔대!"

현관문을 열자마자 외삼촌이 고무장갑을 끼고 달려 나왔어요.

학원을 마치고 온 나는 너무 좋아 팔짝팔짝 뛰었어요.

"정말이지? 어떤 사람이래?"

"내 예상이 맞았어. 동호회 회원인데 평소에도 법을 어기는 불량회원이었대. 얼마 전에도 자동차 속력내기 시합하다가 큰 일 낼 뻔 했다더라고."

"벌 받겠지?"

"당연하지. 좀 전에 병원 갔다 왔어. 할아버지도 좋아하시더라."

"삼촌 고마워! 나대신 매일 병문안도 가고."

"백수가 할 일이 있냐? 좋은 일이라도 해야지."

외삼촌이 세탁기에서 빨래를 꺼냈어요. 수건을 탁탁 털어서 건조대에 거는 모습이 꽤 잘 어울렸어요.

"선생님이 그러시던데 요즘은 남자 청소도우미도 많다더라. 삼촌이 엄마보다 집안 일을 더 잘하는 것 같아. 집이 반짝반짝 빛이 나!"

"너도 그렇게 생각하니? 열흘 넘게 지내다보니 집안일이 꽤 재밌어. 내 적성에 딱 맞는 것 같아!"

빨래를 너는 외삼촌 얼굴이 행복해 보였어요.

"참, 삼촌! 내 슈트 빨아줘서 고마워. 새 옷이 됐어."

"밤사이 빨았더니 다 말랐네. 냄새가 장난 아니더라야."

나는 가방을 던져놓고 바로 바다공원으로 달려갔어요.

어느 새 빨간 줄장미가 터널을 이루고 있었어요.

장미꽃을 보니 엄마가 보고 싶었어요.

'네잎 클로버를 찾아볼까? 사진 찍어서 보내면 엄마가 좋아하실 거야.'

나는 터널을 벗어나 너른 풀밭 길로 접어들었어요.

마침 길가에 토끼풀 무더기가 올라와 있어요.

나는 쪼그리고 앉아 눈으로 네잎 클로버를 찾았어요.

"난다, 난다, 짱난다다!"

"뚱보 스파이더맨이 저깄네!

"스파이더맨 흉내쟁이!"

나는 고개를 돌리다가 깜짝 놀라 벌떡 일어섰어요.

범석이가 스파이더맨 슈트를 입고 자전거를 타고 있는 거예요. 범석이 슈트는 일체형이었어요. 좀 멋있긴 했어요. 스파이더맨을 따라온 일당 둘도 자전거를 타고 있었어요.

자전거 세 대가 풀밭 위를 내달렸어요. 범석이는 부러 내 앞으로 돌진했다가 급하게 자전거를 꺾었어요. 자전거 바퀴가 짓밟고 간 자리에는 보라색 제비꽃이 꺾이고 저녁거리를 물고 가던 개미가 쓰러져 바둥거렸어요.

나는 황급히 호루라기를 입에 가져갔어요.

"휘릭, 휘릭, 휘리릭! 어서 나와!"

"쟤가 뭐래냐?"

"우린 아무 소리도 안 들리는데!"

범석이가 혀를 내밀며 이죽거렸어요.

"너희들은 지금 식물이랑 곤충을 죽이고 있다고! 나쁜 짓하려면 그 슈트 벗어!"

"쟤가 또 잘난 척이네. 너나 내복 같은 슈트 벗어버려라!"

점점 짓뭉개진 풀밭이 늘어났어요.

나는 더 이상 참을 수 없었어요. 손에 들고 있던 휴대폰을 카메라 동영상 모드로 바꿨어요. 화면에는 풀밭에 난 자전거 바퀴 자국이 선명하게 드러났어요.

"야, 뭐하는 거야?"

악당 범석이가 고함을 질렀어요.

"당장 그만 두지 않으면 학급 톡에 다 올릴 거야!"

"뭐? 저 녀석이!"

"휴대폰 뺏어야 돼!"

자전거 세 대가 나를 향해 달려왔어요. 나는 자전거가 산책길로 나올 때까지 동영상을 찍은 뒤에 헐레벌떡 달리기 시작했어요.

"가짜 스파이더맨이 도망간다. 빨리 잡아라!"

범석이는 자기가 대장인 것처럼 일당들에게 명령했어요. 내가 아무리 빨리 달린다 해도 자전거를 당해낼 순 없을 것 같았어요. 숨도 차올랐어요.

"휴대폰 이리 내!"

자전거 세 대가 나를 에워쌌어요.

"싫어!"

"이리 내라고!"

두 명이 자전거를 탄 채 나를 붙잡았어요. 범석이가 내 손에서 휴대폰을 낚아채려고 손을 뻗었어요.

바로 그 순간이었어요.

"자전거 타고 친구를 괴롭히는 스파이더맨에게 알린다. 너는 지금 바다공원의 질서를 어지럽히고 있다!"

어디선가 방송소리가 흘러 나왔어요. 평소 듣던 안내방송 목소리가 아니었어요.

"스파이더맨은 지구의 평화를 위해 애써야 한다. 너희들이 짓뭉갠 풀밭에서 작은 생명들이 괴로워하고 있다. 악당은 스파이더맨이 되어서는 안 된다. 어서 자전거를 끌고 나가기 바란다."

지나가던 사람들이 범석이와 나를 번갈아가며 쳐다봤어요.

"엄마, 저 형아는 나쁜 스파이더맨이야?"

엄마 손을 잡은 꼬마가 물었어요.

"그러게. 얘, 여긴 산책길이야. 어서 자전거에서 내려."

범석이 얼굴에 당황하는 빛이 역력했어요. 다른 두 명의 아이들도 나를 잡고 있던 손을 슬그머니 놓았어요.

"얘, 얘들아, 가자……."

범석이 일당들은 부리나케 자전거를 끌고 사라졌어요.

"바다공원의 마스코트, 착한 스파이더맨은 지금 바로 관리실로 와주시기 바랍니다."

다시 방송이 나왔어요. 왠지 목소리가 낯설지 않았어요.

"형은 착한 스파이더맨이구나!"

꼬마 아이가 나를 보며 손을 흔들었어요.

"바다공원 마스코트래. 스파이더맨 안녕!"

관리실로 가는 동안 몇몇 사람들이 인사를 건넸어요. 인사를 받을 때마다 공원의 평화를 지켜낸 것 같아 가슴이 뿌듯했어요.

"어, 삼촌!"

관리실에는 외삼촌이 와 있었어요.

"직원 아저씨가 호출 받고 나가셨어. 잠시 봐 달라고 해서 지키고 있는 거야."

"언제 왔는데?"

"으응, 좀 전에. 너 데리러 왔다가 인사차 들렀지."

나는 관리실을 둘러보았어요. CCTV 여러 대가 부지런히 돌아가고 있었어요.

"삼촌이 방송했구나! 어디서 많이 듣던 목소리다 했어."

"난다야, 걔가 일체형 슈트 입었다고 기죽지 마. 어떤 슈트를 입었나보다 어떻게 행동 하느냐가 더 중요한 거니까! 삼촌 말

무슨 뜻인지 알지?"

나는 힘차게 고개를 끄덕였어요.

갈수록 백수 외삼촌이 듬직하다는 생각이 들었어요.

9. 마음에 뚫린 구멍

"난다 달라진 거 봤지? 그거 다 내 덕인 거 알지? 그래서 말인데, 누나가 좀 도와 줘."

출장 간 엄마가 돌아왔어요. 외삼촌은 취직은 그만두고 청소업체를 시작하겠다고 했어요.

"갑자기 웬 청소업체야? 네가 청소를 할 줄이나 알아?"

엄마가 미심쩍은 표정을 지었어요.

"무슨 소리야? 누나 없는 동안 집 청소는 누가 했는데!"

"엄마가 할 때보다 훨씬 깨끗해. 거실 바닥이랑 가구들이 반짝반짝하잖아!"

나도 외삼촌을 거들었어요.

"삐까번쩍 멋진 사무실에 취직할 거라더니."

"누나가 그랬잖아. 적성에 맞는 일을 찾으라고."

그날 오후, 엄마는 은행으로 달려가 적금을 해약했어요.

외삼촌은 그 돈으로 중고 승합차와 각종 청소도구들을 구입했어요. 승합차에는 '스파이더맨 외삼촌이 하는 청소업체'라는 글씨가 대문짝만하게 찍혀 있었어요.

오늘은 할아버지 퇴원기념 대청소를 하는 날이에요. 외삼촌의 청소업체가 문을 연 날이기도 하고요. 요양보호사 아주머니가 할아버지를 모시고 오기 전에 청소를 마무리해야 해요.

할아버지 집에는 큰 방이 하나, 작은 거실에 주방과 화장실이 있었어요. 마스크를 한 엄마가 먼지를 털어냈어요. 나는 바닥에 떨어진 물건들을 정리했어요. 곧이어 외삼촌이 대형 청소기 버튼을 눌렀어요. 집을 오래 비웠기 때문인지 꽤 많은 먼지들이 쌓여 있었어요.

청소기가 지나간 자리를 물걸레로 닦았어요. 바닥이 깨끗하게 닦일 때마다 내 마음도 쓱싹쓱싹 닦여나가는 기분이었어요.

엄마가 주방을 정리하고, 외삼촌이 쓰레기봉투 주둥이를 묶자 청소가 마무리되었어요.

"개업 첫날부터 이렇게 공짜 청소를 해줘서야 되겠어?"

퇴원한 할아버지의 휠체어가 현관문 앞에 도착했어요.

"따라라라라~ 따라라 라라~"

외삼촌이 현관문을 열면서 입으로 노래를 흥얼거렸어요. 집 소개 프로그램에서 자주 나오는 멜로디였어요.

"새 집이 되었구먼!"

할아버지가 온 얼굴로 웃었어요.

"난다는 좋겠어. 착한 외삼촌도 있고, 이렇게 예쁜 엄마도 있으니."

모처럼 엄마 얼굴에도 함박웃음이 피어났어요.

"할아버지, 어떻게 아셨어요? 엄마가 제일 좋아하는 말이 예쁘다는… 아얏!"

엄마가 내 등을 후려쳤어요. 할아버지가 허허 웃었어요.

"오실 때가 되었는데……."

아까부터 시계를 확인하던 외삼촌이 현관문을 힐끔거렸어요.

때마침, 밖에서 인기척이 났어요. 현관문 앞에는 뜻밖에도 간호사 누나와 전망대에서 만난 술 취한 아저씨가 서 있었어요. 나는 무슨 영문인지 알 수가 없어 멀뚱멀뚱 쳐다보기만 했어요.

"어르신 퇴원도 축하드릴 겸 개업 축하도 할 겸 왔습니다."

아저씨는 말쑥한 차림이었어요. 술 취해서 흐트러진 모습은 찾아볼 수 없었어요.

"사장님께 도움을 많이 받았어요. 청소용역업체를 운영하셨거든요."

외삼촌이 아저씨를 소개했어요.

"안 도와줄 수가 없었어요. 얼마나 의욕이 넘치는지. 덕분에 저도 새 일을 준비하고 있습니다. 하하하!"

"듣던 중 반가운 소식이네. 이젠 나약한 생각은 하지 말구려."

바다공원에서 있었던 일이 떠올랐는지 아저씨가 머리를 긁적였어요. 할아버지는 무안해하는 아저씨를 흐뭇한 얼굴로 바라보았어요.

"여, 여기는 제 여자친굽니다. 할아버지 덕분에, 아니 난다 덕분인가? 아무튼……."

"반갑습니다."

누나가 수줍게 인사했어요.

"그래서 삼촌이 날마다 병원에 간 거였구나. 난 또 할아버지 병문안 간 줄 알았더니."

"아, 아니야. 할아버지 뵈러 간 거라고!"

외삼촌은 귓불이 빨개져서는 손을 마구 내저었어요.

외삼촌 휴대폰이 요란하게 울린 건 바로 그때였어요.

"여보세요? 스파이더맨 외삼촌이하는 집안청솝니다. 네, 바다 공원 전망대에서 본 스파이더맨… 맞아요. 네, 네, 맡겨만 주십시오. 감사합니다. 내일 오전에 연락드리고 방문하겠습니다."

통화를 끝낸 외삼촌은 얼이 빠진 얼굴이었어요.

"유튜브에 올린 청소업체 홍보 영상을 보고 전화했대요. 난다 덕을 톡톡히 보네요."

"삼촌, 첫 주문 축하해!"

"태주야, 축하한다. 잘 해봐라!"

모두들 외삼촌에게 축하인사를 건넸어요.

"꼬마 스파이더맨 덕분에 생판 남이었던 우리가 이렇게 인연을 맺게 되었네요."

아저씨가 호탕한 목소리로 말했어요.

"맞는 말이구려. 난다 덕분에 좋은 사람들을 많이 알게 되었구려."

할아버지 말이 끝나자마자 엄마가 눈짓을 했어요. 아까 청소하며 나눈 의견을 얘기하라는 뜻이었어요.

"있잖아요 할아버지, 우리 할아버지 해주세요."

나는 할아버지 어깨에 살며시 손을 올렸어요.

스파이더맨·····
외삼촌이·····

"난다는 친가도 외가도 없어요. 할아버지가 정말 친할아버지 같데요."

엄마도 할아버지 어깨에 조심스럽게 팔을 둘렀어요.

"내가 그럴 자격이 되나……."

할아버지는 고민하는 얼굴이 되어 고개를 숙였어요.

"할아버지는 우리 엄마보다 저를 더 잘 아시잖아요. 그러니까 자격이 충분하지요."

어른들이 유쾌하게 웃었어요.

"어르신, 주말에는 저도 바다공원에 나가 봉사하겠습니다. 난다야, 그날 고마웠다."

아저씨는 점심약속이 있다며 먼저 일어섰어요. 씩씩한 아저씨를 보니 자꾸 웃음이 나왔어요. 술 취해 혀 꼬부라진 소리를 하던 아저씨 모습이 자꾸 겹쳐졌거든요.

"다들 출출할 시간이구나. 난다야, 할아버지가 맛있는 짜장면 시켜줄게!"

"좋아요!"

엄마와 외삼촌도 짜장면이 먹고 싶다며 맞장구를 쳤어요.

"공짜 집 청소도 해줬는데 내가 내야 된다니까!"

짜장면이 도착할 시간이 되자 작은 실랑이가 벌어졌어요.

"아녜요, 제가 내야지요!"

"무슨 소리야, 누나. 개업 날이니까 사장인 내가 내야지!"

다들 지갑을 꺼내들고 아우성을 쳤어요.

"짜장면 값은 엄마가 내세요."

"그, 그래. 내가 내는 게 맞겠지?"

엄마가 조금 떨떠름한 표정으로 말했어요. 먼저 내겠다고 할 때는 언제고.

"엄마 출장 간 동안, 저랑 삼촌이 엄청 고생했잖아요. 든든한 할아버지도 생겼으니까 엄마가 내야죠."

"햐, 명 판결이다 명 판결이야!"

외삼촌이 무릎을 탁 쳤어요.

"난다가 스파이더맨이 되더니 아주 똑똑해졌네. 태주야, 스파이더맨 슈트 참 잘 샀어. 네가 한 일 중에 제일 잘 한 일이다!"

엄마가 우쭈쭈 내 엉덩이를 두드렸어요.

"스파이더맨 슈트를 바다공원 유니폼으로 정하자고 해야겠구나. 손자가 스파이더맨이니 할애비도 스파이더맨 슈트를 입어야지!"

"네에?"

"에구머니나!"

엄마도 누나도 펄쩍 뛰었어요. 외삼촌은 도리질을 쳤어요.

"좋아요 할아버지. 전 대찬성이에요!"

할아버지가 흡족한 표정을 지었어요.

"난다야, 마음에 뚫린 구멍은 좀 메워졌니?"

할아버지가 몸을 기울이며 속삭였어요.

"네, 할아버지. 아주 꽉 메워졌는걸요."

"나도다. 다 네 덕분이야."

나는 할아버지 손을 꼭 잡았어요. 할아버지도 잡은 손에 힘을
주었어요.

"딩동!"

초인종이 울렸어요.

모두들 현관을 향해 일제히 고개를 돌렸어요.

드디어 기다리던 짜장면이 도착했나 봐요.

작가의 말

스파이더맨, 아이언맨, 슈퍼맨, 배트맨의 공통점은 무엇일까요?
그래요, 영웅입니다.
영화 속 영웅들은 악당의 손아귀에서 위험에 처한 지구를 구하고,
괴롭힘을 당하는 착한 시민들을 구해내지요.

누구나 영웅이 되고 싶어 합니다.

강력한 초능력을 장착하고 정의의 편에 서서
무너져 내리는 지구를, 인류를 구해내는 것만큼
멋진 일은 없으니까요.

돈이 많아야, 능력이 탁월해야 영웅이 되는 걸까요?

지구를 지킨다는 거창한 목표가 아니더라도
주변을 살펴보고
도움이 필요한 사람에게 손을 내밀고,
잘못인 줄 알면서도 잘못된 행동을 하는 사람들을
올바른 길로 이끌어 주는 용기야말로
영웅의 참된 행동이지요.

별 일 아니라고 생각하는 사소한 잘못들이
제 자리를 찾아갈 때
우리 가정이, 우리 지역이,
더 나아가 우리나라와 우리가 머물고 있는 지구에
온기가 돌고
꽃보다 아름다운 사람의 향기가 멀리멀리 퍼져나갈 거예요.

그렇게 된다면
전쟁의 두려움도,
배고픔의 허덕임도,
환경오염으로 인한 생태계의 파괴도 사라지겠지요.
동물과 사람이 더불어 행복하게 살아가는 세상이 되겠지요.

그런 날이 올 때까지
스파이더맨 슈트를 입은 주인공 난다처럼
주변에서 내가 할 일을 찾아 해결하는,
진짜 스파이더맨이 되어 보는 건 어떨까요?

 -- '책방카페 이야기정원' 마당에서 까불고 노는 길고양이들을 보며